Pascale Fille
Photographies de Richard Boutin
Stylisme d'Aurélie Soligny

LES GÂTEAUX PRINCESSES

LES PETITS PLATS
MARABOUT
ORIGINAUX & AUTHENTIQUES
DEPUIS L'AN 2000

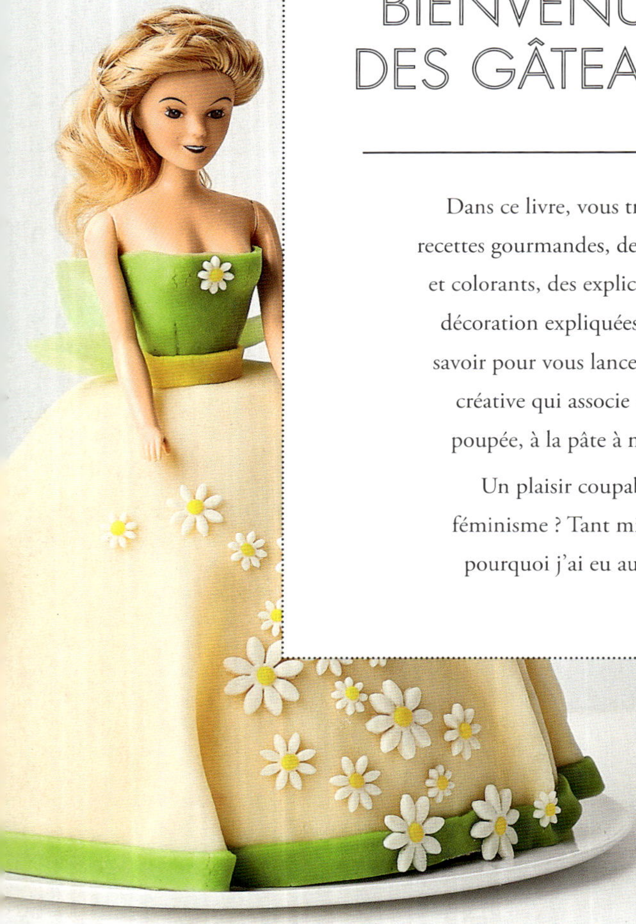

BIENVENUE AU ROYAUME DES GÂTEAUX PRINCESSES !

Dans ce livre, vous trouverez les bases pour démarrer : des recettes gourmandes, des conseils pour travailler pâte d'amandes et colorants, des explications d'assemblage, des suggestions de décoration expliquées pas à pas... En bref, tout ce qu'il faut savoir pour vous lancer simplement dans cette belle aventure créative qui associe au plaisir pâtissier celui de jouer à la poupée, à la pâte à modeler, à la styliste ou à la coiffeuse.

Un plaisir coupable en ces temps de renouveau du féminisme ? Tant mieux, il n'en est que meilleur. Et c'est pourquoi j'ai eu autant envie de vous le faire partager.

SOMMAIRE

AU PROGRAMME

Un gâteau princesse, c'est un peu un triathlon pâtissier : trois étapes-clés, de nature assez différentes, à enchaîner dans un ordre précis. Le parcours est simple et logique, bien qu'un peu long. Personnellement, je préfère préparer le gâteau et la crème pâtissière la veille, filmer le gâteau, réserver la crème au réfrigérateur, et garder la confection de la crème au beurre, l'assemblage et la décoration (étapes 2 et 3) pour le jour J. Mais, bien sûr, tout peut s'enchaîner.

LA PÂTISSERIE

Il s'agit de réaliser le gâteau de base, la crème pâtissière et la crème au beurre. Vous trouverez mes recettes préférées dans ce livre. Des génoises bien aérées et des gâteaux moelleux, des crèmes riches et légères à la fois. Pour cette étape, j'utilise une majorité de produits issus de l'agriculture biologique : pour les œufs et le beurre notamment, j'ai pu constater qu'on y gagne aussi en goût.

L'ASSEMBLAGE

Plus de cuisson à ce stade. On tranche le gâteau en trois dans l'épaisseur. On intercale des étages de crème pâtissière. On recouvre le tout de crème au beurre, puis on pose la jupe de pâte d'amandes. Il est essentiel de ne pas omettre la crème au beurre. Non seulement elle permet à la jupe d'adhérer, mais elle la protège également de l'humidité de la crème pâtissière qui, sinon, aurait tendance à créer des fissures dans la décoration. Les quantités de crème indiquées ont été calculées un peu large : suivant votre four ou votre tour de main, vos gâteaux seront plus ou moins volumineux et nécessiteront plus ou moins de couvrance. N'hésitez pas à ajuster en conséquence.
La décoration est votre priorité ? Je vous propose un raccourci : pas de crème pâtissière mais une fine couche de crème au beurre toute simple, faite de beurre fouetté en pommade avec l'équivalent en poids de sucre glace, juste pour fixer la jupe.

LA DÉCORATION

Place aux colorants, emporte-pièces, bonbons, chocolat... Vous découvrirez bien vite que les combinaisons sont infinies et que les gâteaux princesses sont une incroyable façon d'exprimer votre imagination. N'hésitez pas à utiliser vos couleurs et motifs préférés. Les princesses proposées dans ce livre sont là pour vous aider à faire vos gammes et à maîtriser quelques techniques de base. Les quantités de pâte d'amandes ainsi que les dimensions de coupes sont indicatives. Chaque princesse est unique, laissez-vous le plaisir de créer la vôtre.

QU'EST-CE QU'UN GÂTEAU PRINCESSE ?

MATÉRIEL

Avant de vous lancer dans votre premier gâteau princesse, voici la liste des ustensiles nécessaires. Certains se répètent, ne vous en étonnez pas. L'idée est de vous fournir une check-list de tout ce dont vous avez besoin à chaque étape afin de ne pas encombrer votre plan de travail.

POUR LA PÂTISSERIE

moule à gâteau princesse
(ou moule type Pyrex®)
casserole de taille moyenne
grand saladier
fouet manuel
couteau de cuisine
maryse ou corne
tamis ou passoire fine
pinceau
film transparent
robot pâtissier ou batteur électrique
thermomètre (20 °C à 120 °C)
grille
râpe

POUR L'ASSEMBLAGE

couteau à génoise ou à pain
rouleau à pâtisserie
maryse ou corne
petite spatule coudée
poches plastique + douille lisse (avec un peu d'entraînement, on peut aussi utiliser une poche sans douille)
petit couteau
buste de poupée en silicone

POUR LA DÉCORATION

tapis de cuisson en silicone (type Silpat®) ou papier cuisson
rouleau à pâtisserie
emporte-pièces variés
ébauchoirs de pâtisserie
double décimètre
couteau en plastique (pour ne pas abîmer le tapis de cuisson)
pinceau (ou doigt mouillé)
cure-dents
petit couteau pointu
douilles cannelées variées

LE MOULE À GÂTEAU PRINCESSE

La robe de la princesse est un gâteau qui cuit dans un moule avant d'être découpé et garni de crème. Il existe des moules spéciaux pour gâteaux princesses dans les magasins spécialisés en pâtisserie. Avec un moule de 20 cm de diamètre (taille standard pour ce type de moule), on réalise des gâteaux pour 8 à 10 personnes. Vous pouvez également utiliser un bol transparent Pyrex® de taille équivalente (en affinant légèrement au couteau la partie bombée après cuisson).

Film alimentaire
Poche à douille
Couteau en plastique
(pour la découpe de
la pâte d'amandes)
Maryse
Couteau scie
Fouet du robot
(alternative :
fouet électrique)
Pinceau (pour les finitions)
Couteau pointu
Buste de poupée
Fouet manuel
Grille
Douilles unies
et cannelées
Tamis
Ébauchoirs (pour
le travail de la pâte
d'amandes,
facultatif)
Emporte-pièces
(pour la déco en
pâte d'amandes)
Thermomètre
à sucre
Balance
électrique
Règle
Papier sulfurisé
Rouleau à pâtisserie

PÂTE D'AMANDES & COLORANTS

PÂTE D'AMANDES OU PÂTE À SUCRE ?

En cake design, on utilise généralement de la pâte à sucre. Or, si cette dernière permet une belle finesse d'exécution, elle n'apporte rien en matière de goût, contrairement à la pâte d'amandes. Pour ce livre, le choix a été celui de la gourmandise. Mais si vous préférez l'esthétique de la pâte à sucre ou si vous avez des problèmes d'allergie aux fruits à coque, tous les gâteaux peuvent être décorés en pâte à sucre.

TRAVAILLER LA PÂTE D'AMANDES

L'idéal est de vous équiper d'un grand tapis de cuisson en silicone et d'un grand rouleau à pâtisserie. Un simple papier cuisson fonctionne aussi et vous vous débrouillerez toujours avec votre rouleau habituel, mais l'étalage sera sûrement un peu plus laborieux. Pensez à frotter régulièrement tapis et rouleau au sucre glace. Pour la jupe de la princesse ou toute autre grande pièce, n'étalez pas plus fin que 2 à 3 mm. Vous éviterez ainsi les risques de déchirure.

CONSERVER LA PÂTE D'AMANDES

La pâte d'amandes se conserve bien, mais tend à se dessécher. S'il vous en reste, roulez-la en boule, emballez-la dans du film plastique, puis dans un contenant plastique hermétique. Si malgré ces précautions la pâte d'amandes est trop sèche, travaillez-la avec un peu d'eau jusqu'à obtenir une consistance souple, non collante. Trop d'eau ? Corrigez avec un peu de sucre glace.

PRÉCAUTIONS D'HYGIÈNE

Veillez à avoir toujours les mains propres et évitez de garder de la pâte ayant touché une autre substance alimentaire. Par exemple, si vous utilisez pour vos décorations des morceaux de jupe qui étaient en contact avec de la crème au beurre, jetez les restes non utilisés à la fin du gâteau. Évitez également de porter des bagues qui laissent des marques sur la pâte.

COLORANTS LIQUIDES

Les colorants liquides sont les plus faciles à trouver dans le commerce, en particulier en rouge, jaune et bleu. Pour obtenir la couleur souhaitée, effectuez le mélange dans une coupelle avant de l'intégrer à la pâte à l'aide d'un petit couteau et accentuez progressivement la couleur. Le risque avec le colorant liquide est de détremper la pâte : rajoutez du sucre glace.

COLORANTS EN POUDRE

Les colorants en poudre existent en grande variété dans le commerce spécialisé et permettront d'obtenir des résultats plus subtils. Étalez un peu la pâte, posez une goutte d'eau et ajoutez une pointe de colorant à l'aide d'un petit couteau pointu. Si vous associez plusieurs colorants, faites le mélange avant d'intégrer la couleur à la pâte.

COLORER LA PÂTE D'AMANDES

Une fois le colorant posé sur la pâte, travaillez-la pour homogénéiser la couleur. Avec les colorants en poudre, certains pigments se mélangent plus vite que d'autres, d'où parfois un effet « piqué » sur la pâte. Attendez quelques minutes et mélangez de nouveau jusqu'à obtenir une couleur homogène.

NUANCIER DE BASE

Voici quelques exemples des mélanges les plus classiques. À noter :
Noir = colorant noir
Colorant blanc = pour éclaircir les couleurs

PRINCESSE DES NEIGES

On croirait l'impeccable mariée d'un défilé de haute couture,
mais gare au feu sous la glace !

COMPOSITION DU GÂTEAU

GÂTEAU
gâteau au chocolat moelleux

CRÈME
crème pâtissière à la vanille

ROBE
crème au beurre à la meringue italienne
parfumée à la vanille de Madagascar

GOÛT
chocolat-vanille

INGRÉDIENTS

GÂTEAU AU CHOCOLAT MOELLEUX

9 œufs
150 g de sucre blond
270 g de chocolat noir
75 ml de lait demi-écrémé
185 g de beurre doux
(dont 10 g pour le moule)
105 g de farine de blé T55

CRÈME PÂTISSIÈRE À LA VANILLE

400 ml de lait demi-écrémé
4 jaunes d'œuf (utiliser les jaunes restants du gâteau)
80 g de sucre blond
30 g de farine de blé T55
30 g de Maïzena®
les graines de ½ gousse de vanille de Madagascar

CRÈME AU BEURRE À LA VANILLE

200 g de beurre doux
150 g de sucre blond
35 ml d'eau
3 blancs d'œuf
les graines de ½ gousse de vanille de Madagascar

DÉCORATION

1 kg de pâte d'amandes nature
1 petit bol de sucre glace
colorant blanc en poudre ou liquide
30 perles argentées

CRÈME AU BEURRE À LA VANILLE

Préparation : 40 minutes

Couper le beurre en dés et les laisser ramollir à température ambiante. Fouetter avec les graines de vanille jusqu'à obtenir une consistance de pommade, puis réserver à température ambiante. Faire chauffer le sucre et l'eau dans une casserole. Lorsque le sucre atteint 115 °C, monter les blancs en neige ferme. À 120 °C, retirer du feu et verser le sucre en filet sur les blancs en neige. Continuer de battre jusqu'à refroidissement complet (environ 20 minutes). Puis ajouter le beurre en plusieurs fois et mélanger délicatement au fouet manuel, sans battre, jusqu'à obtenir une consistance homogène. Utiliser rapidement la crème au beurre.

CRÈME PÂTISSIÈRE À LA VANILLE

Préparation : 15 minutes

Porter le lait à ébullition avec les graines de vanille. Fouetter les jaunes d'œuf avec le sucre, puis avec la farine et la Maïzena* tamisées. Verser une louche de lait bouillant sur la préparation aux œufs et mélanger au fouet. Incorporer le reste de lait en une seule fois et reverser le tout dans la casserole. Baisser le feu et fouetter en rond sans discontinuer, le temps de porter la crème à ébullition puis de la cuire pendant quelques instants, toujours à ébullition. Verser la crème pâtissière sur une grande assiette plate. Filmer au contact et refroidir rapidement en posant sur le film un bac congelé (à glacière ou à glaçons) avant de placer au réfrigérateur. Détendre au fouet avant utilisation.

GÂTEAU AU CHOCOLAT MOELLEUX

Préparation : 25 minutes
Cuisson : 45 minutes

Préchauffer le four à 160 °C, chaleur tournante. Beurrer et fariner le moule, réserver au frais. Séparer les jaunes d'œuf des blancs. Fouetter 6 jaunes avec le sucre dans un grand saladier jusqu'à ce qu'ils blanchissent et réserver les autres au frais pour la crème pâtissière. Faire fondre le chocolat au bain-marie avec le lait et le beurre jusqu'à obtenir un mélange homogène. Au fouet, incorporer ce mélange aux jaunes battus, puis ajouter la farine tamisée. Monter les blancs en neige ferme, puis les incorporer délicatement à la spatule. Verser la préparation dans le moule et enfourner 50 minutes. Vérifier la cuisson avec un petit couteau : la pointe doit ressortir à peine humide. Laisser refroidir avant de démouler.

L'ASSEMBLAGE

Gâteau au chocolat moelleux

+ Crème pâtissière à la vanille

+ Crème au beurre à la vanille

+ Pâte d'amandes

1
Si le dessus du gâteau a trop cuit, retirer les croûtes avec un petit couteau. Couper le gâteau en trois dans l'épaisseur.

2
Remplir de crème pâtissière une poche munie d'une douille lisse et napper la plus grande tranche du gâteau de deux couches de crème.

3
Poser la deuxième tranche, garnir à nouveau de deux couches de crème pâtissière et recouvrir avec la dernière tranche. Lisser la crème pâtissière à l'aide d'une petite spatule coudée.

4
Recouvrir de crème au beurre avec une grande spatule.
Lisser de nouveau avec la petite spatule coudée.

5
Étaler les deux tiers de la pâte d'amandes au rouleau à pâtisserie de façon à former un disque de 45 cm de diamètre et de 2-3 mm d'épaisseur. Utiliser le sucre glace pour éviter que la pâte ne colle trop.

6
Enrouler le disque sur le rouleau et dérouler délicatement sur le gâteau. Harmoniser les plis et lisser la surface avec les doigts en partant du sommet pour faire adhérer la pâte d'amandes.

7
Découper au couteau la pâte d'amandes qui dépasse en bas de la robe.

DÉCORATION

BUSTIER

Avec une règle et un couteau en plastique, découper 1 bande de 4,5 cm de large et de 14 cm de long.

Tailler 4 entailles à intervalles réguliers et arrondir le dernier quart du bustier de chaque côté pour prendre en compte les bras.

CEINTURE

Avec une règle et un couteau en plastique, découper 1 bande de 1 cm de large et de 12 cm de long.

MOTIFS

Avec des emporte-pièces, découper 10 flocons de taille moyenne et 10 grands flocons.

NŒUD DE LA CEINTURE

Avec une règle et un couteau en plastique, découper 1 bande de 1 cm de large et de 4 cm de long, et 1 bande de 1 cm de large et de 7 cm de long. Poser la grande bande à angle droit sur la petite. Replier la petite bande au centre du nœud, puis replier la grande bande au même endroit. Coller en appuyant légèrement avec votre doigt. Retourner le nœud, puis pratiquer 2 ou 3 petites incisions à l'horizontale, de chaque côté de la bande du dessous, pour suggérer les plis du tissu.

RUBAN DE LA CEINTURE

Avec une règle et un couteau en plastique, découper 1 bande de 1 cm de large et de 12 cm de long, et 1 bande de 1 cm de large et de 14 cm de long. Assembler avec le nœud au dos de la ceinture.

REVERS DE LA ROBE

Avec une règle et un couteau en plastique, découper 3 bandes de 1 cm de large et de 30 cm de long. Le « cloutage » de perles argentées se fera directement sur la robe.

LES DÉTAILS

BUSTIER

Mouler la bande sur le buste de la poupée et lisser vers l'arrière. Rapprocher les entailles à l'arrière et superposer légèrement la pâte pour fermer le dos. Couper l'excédent. Boutonner avec 2 perles argentées.

NŒUD ET RUBAN DE LA CEINTURE

Au milieu du dos de la ceinture, poser les 2 rubans en appliquant un peu d'eau sur la partie à coller. Fixer le nœud de la même manière. Glisser la pointe du couteau en plastique dans la fente pour redonner un effet bombé, si nécessaire.

CEINTURE

Coller la ceinture d'avant en arrière avec un peu d'eau appliquée au pinceau. Enfoncer une perle argentée au milieu de la ceinture, devant. Coller un flocon de taille moyenne en haut du bustier.

REVERS DE LA ROBE ET DÉTAILS

Démarrer dans le creux d'un pli et suivre le mouvement de la jupe. Cacher les raccords dans un pli ou les lisser avec un ébauchoir à bout rond. Une fois le ruban posé, enfoncer les bonbons à intervalles réguliers. Disposer les grands flocons et centrer les flocons moyens dans les intervalles.

PRINCESSE DES BONBONS

Probablement née sur une sweet table de baby shower.
Que celles qui n'ont jamais aimé les bonbons lui jettent la première fraise...

COMPOSITION DU GÂTEAU

GÂTEAU
génoise à la vanille de Madagascar

CRÈME
crème pâtissière à la rose

ROBE
crème au beurre à l'eau de rose

GOÛT
rose-vanille, acidulé

LE PETIT +
des Smarties® Mini au cœur du gâteau

INGRÉDIENTS

GÉNOISE
À LA VANILLE

8 œufs
les graines de 1 gousse
de vanille de Madagascar
260 g de sucre blond
260 g de farine de blé T55
100 g de beurre doux (dont
10 g pour le moule)

CRÈME PÂTISSIÈRE
À LA ROSE

400 ml de lait demi-écrémé
4 jaunes d'œuf
80 g de sucre blond
30 g de farine de blé T55
30 g de Maïzena®
1 cuillère à soupe d'eau de rose
4 boîtes de Smarties® Mini
(à intégrer à l'assemblage)

CRÈME AU BEURRE
À LA ROSE

300 g de beurre doux
225 g de sucre blond
50 ml d'eau
5 blancs d'œuf
colorant rouge fraise
1 cuillère à soupe d'eau de rose

DÉCORATION

1 kg de pâte d'amandes nature
1 petit bol de sucre glace
colorant rouge fraise
10 bonbons rouges
30 bonbons roses
10 bonbons bleus
cure-dents pour fixer les bonbons

GÉNOISE À LA VANILLE

Préparation : 40 minutes
Cuisson : 40 minutes

Préchauffer le four à 170 °C, chaleur tournante. Beurrer et fariner le moule, réserver au frais. Fouetter les œufs avec le sucre et les graines de vanille au bain-marie jusqu'à atteindre 40-50 °C. Hors du feu, fouetter 5 minutes au batteur électrique à vitesse maximale, puis 15 minutes à vitesse moyenne. Faire fondre le beurre dans une petite casserole. Mélanger le beurre chaud à 1/5e des œufs battus. À l'aide d'une spatule, incorporer la farine tamisée au reste des œufs, puis le beurre mélangé. Verser la préparation dans le moule et enfourner environ 40 minutes (vers la fin, vérifier la cuisson avec un couteau : la pointe doit ressortir sans trace).

CRÈME PÂTISSIÈRE À LA ROSE

Préparation : 15 minutes

Porter le lait à ébullition dans une casserole. Fouetter les jaunes d'œuf avec le sucre, puis avec la farine et la Maïzena® tamisées. Verser une louche de lait bouillant sur la préparation aux œufs et mélanger au fouet. Incorporer le reste de lait en une seule fois et reverser le tout dans la casserole. Baisser le feu et fouetter en rond sans discontinuer, le temps de porter la crème à ébullition puis de la cuire pendant quelques instants, toujours à ébullition. Verser la crème pâtissière sur une grande assiette plate. Filmer au contact et refroidir rapidement en posant sur le film un bac congelé (à glacière ou à glaçons) avant de placer au réfrigérateur. Avant utilisation, détendre la crème pâtissière bien froide au fouet en ajoutant 1 cuillère à soupe d'eau de rose.

CRÈME AU BEURRE À LA ROSE

Préparation : 40 minutes

Couper le beurre en dés et les laisser ramollir à température ambiante. Fouetter jusqu'à obtenir une consistance de pommade, puis réserver à température ambiante. Faire chauffer le sucre et l'eau à la casserole. Lorsque le sucre atteint 115 °C, monter les blancs d'œuf en neige ferme, avec l'eau de rose et une pointe de colorant. À 120 °C, retirer du feu et verser le sucre en filet sur les blancs en neige. Continuer de battre jusqu'à refroidissement complet (20 minutes). Puis ajouter le beurre en plusieurs fois et mélanger délicatement au fouet manuel, sans battre, jusqu'à obtenir une consistance homogène. Utiliser la crème au beurre rapidement.

L'ASSEMBLAGE

Génoise à la vanille

+ Crème pâtissière à la rose

+ Crème au beurre à l'eau de rose

+ Smarties® Mini

+ Pâte d'amandes

1

Trancher la génoise en trois dans l'épaisseur.

2

Remplir de crème pâtissière une poche munie d'une douille lisse et napper la plus grande tranche du gâteau. Parsemer généreusement de Smarties® Mini.

3

Recouvrir de crème pâtissière, poser la deuxième tranche de génoise, garnir à nouveau de deux couches de crème pâtissière intercalées de Smarties® Mini et terminer avec la dernière tranche de génoise.

4

Recouvrir de crème au beurre avec une grande spatule et lisser de nouveau avec la petite spatule coudée.

5

Colorer les deux tiers de la pâte d'amandes en rose avec un peu de colorant rouge fraise et l'étaler au rouleau pour obtenir un disque de pâte de 45 cm de diamètre et de 2-3 mm d'épaisseur. Utiliser le sucre glace pour éviter que la pâte ne colle trop. Enrouler le disque sur le rouleau et dérouler délicatement sur le gâteau.

6

Harmoniser les plis, lisser la surface avec les doigts, puis couper les débords de pâte d'amandes en bas de la robe.

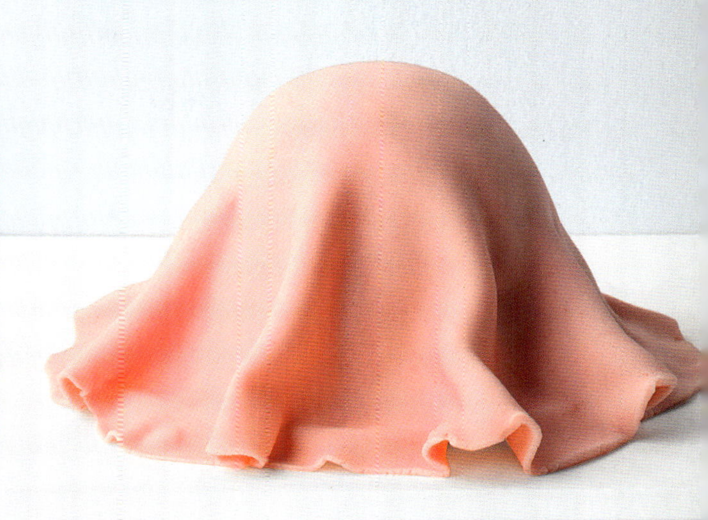

7

Choisir le devant du gâteau et piquer le buste de la princesse au sommet, un peu décalé vers l'avant. Conserver la pâte d'amandes rose pour les décorations. Rajouter du colorant rouge fraise pour obtenir un vrai rouge ou de la pâte d'amandes nature pour un rose plus pâle.

DÉCORATION

BUSTIER

DÉCOUPE

Avec une règle et un couteau en plastique, découper 1 bande de 4,5 cm de large et de 14 cm de long.

DÉCOUPE - SUITE

Tailler 4 entailles à intervalles réguliers et arrondir le dernier quart du bustier de chaque côté pour prendre en compte les bras.

POSE

Mouler la bande sur le buste de la poupée et lisser vers l'arrière. Rapprocher les entailles à l'arrière et superposer légèrement la pâte pour fermer le dos. Découper l'excédent. Placer un petit cœur en haut du bustier.

REVERS DE LA ROBE

DÉCOUPE

Avec une règle et un couteau en plastique, découper 3 bandes de 1 cm de large et de 30 cm de long.

POSE

Démarrer dans le creux d'un pli et suivre le mouvement de la jupe. Cacher les raccords dans un pli ou les lisser avec un ébauchoir à bout rond.

MOTIFS

Avec un emporte-pièce, découper 10 petits cœurs roses et 10 petits cœurs rouge fraise. Coller les petits cœurs roses à intervalles réguliers sur la parure et les petits cœurs rouge fraise sur la partie inférieure de la robe.

CEINTURE

DÉCOUPE
Avec une règle et un couteau en plastique, découper 1 bande de 1 cm de large et de 12 cm de long.

POSE
Coller la ceinture d'avant en arrière avec un peu d'eau appliquée au pinceau.

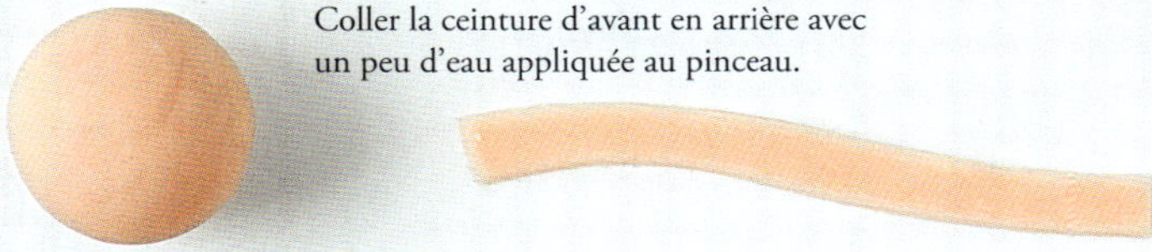

FINITION DE LA CEINTURE

Dérouler la spirale. Séparer les deux fils. Nouer l'un des deux fils directement autour de la taille de la princesse.

PARURE

DÉCOUPE
Avec une règle et un couteau en plastique, découper 2 bandes de 5 cm de large et de 30 cm de long.

POSE
Coller la parure au milieu de la robe avec un peu d'eau appliquée au pinceau.

DÉTAILS

DÉCOUPE
Préparer 30 bonbons roses et 10 bonbons bleus avec un demi cure-dents planté dans la base de chacun. Préparer 10 bonbons rouges qui seront fixés à la robe par les cure-dents des bonbons bleus.

POSE
Enfoncer les bonbons à intervalles réguliers sur le revers de la robe.

VARIATIONS

JOLIE MADAME

Fleurs bicolores à l'emporte-pièce, demi-lunes réalisées avec la base ronde d'une douille et gommes artisanales…

ROSE BAISER

Pétales de roses séchées au sucre, gommes artisanales, étoiles à l'emporte-pièce...

FORAINE

Feuilles de rose azyme blanches, bonbons perles et étoiles en sucre, carrés de ruban acidulés fraise et de pâte d'amandes assortie...

BUCOLIQUE

Feuilles vertes à l'emporte-pièce, liane de pâte d'amandes verte et petits baies de sucre aux parfums assortis...

PRINCESSE DES FLEURS

Une princesse-fée aux délicates ailes de papillon qui libère
toute la fraîcheur du printemps dans ses saveurs de framboise et de citron vert.

COMPOSITION DU GÂTEAU

GÂTEAU
génoise beurrée et citronnée

CRÈME
crème pâtissière au citron vert
piquée de framboises fraîches

ROBE
crème au beurre citronnée

GOÛT
citron-framboise

INGRÉDIENTS

GÉNOISE AU CITRON VERT

8 œufs
260 g de sucre blond
260 g de farine de blé T55
100 g de beurre doux (dont 5 g pour le moule)
le zeste de 1 citron vert
le jus de ½ citron vert

CRÈME AU BEURRE AU CITRON VERT

300 g de beurre doux
225 g de sucre blond
50 ml d'eau
5 blancs d'œuf
1 cuillère à soupe de jus de citron vert (reprendre le citron vert de la crème pâtissière)
le zeste de 1 citron vert (conserver le citron enveloppé pour une utilisation ultérieure)

DÉCORATION

1 kg de pâte d'amandes nature
1 petit bol de sucre glace
colorants jaune/blanc/vert
4 feuilles de rose azyme vert tendre

CRÈME PÂTISSIÈRE AU CITRON VERT

500 ml de lait demi-écrémé
5 jaunes d'œuf
100 g de sucre blond
35 g de farine de blé T55
35 g de Maïzena®
1 citron vert
1 pincée de sel
1 barquette de framboises fraîches
(à intégrer à l'assemblage)

GÉNOISE AU CITRON VERT

Préparation : 40 minutes
Cuisson : 40 minutes

Préchauffer le four à 170 °C, chaleur tournante. Beurrer et fariner le moule, réserver au frais. Fouetter les œufs avec le sucre, le jus et le zeste du citron vert au bain-marie jusqu'à atteindre 40-50 °C. Fouetter hors du feu 5 minutes au batteur électrique à vitesse maximale, puis 15 minutes à vitesse moyenne. Faire fondre le beurre dans une petite casserole. Mélanger le beurre chaud à 1/5e des œufs battus. À l'aide d'une spatule, incorporer la farine tamisée au reste des œufs, puis le beurre mélangé. Verser la préparation dans le moule et enfourner environ 40 minutes (vers la fin, vérifier la cuisson avec un couteau : la pointe doit ressortir sans trace).

CRÈME AU BEURRE AU CITRON VERT

Préparation : 40 minutes

Couper le beurre en dés et les laisser ramollir à température ambiante. Fouetter avec le zeste de citron vert jusqu'à obtenir une consistance de pommade, puis réserver à température ambiante. Faire chauffer le sucre et l'eau à la casserole. Lorsque le sucre atteint 115 °C, monter les blancs d'œuf en neige ferme, avec 1 cuillère à soupe de jus de citron. À 120 °C, verser le sucre en filet sur les blancs en neige. Continuer de battre jusqu'à refroidissement complet (environ 20 minutes). Puis ajouter le beurre en plusieurs fois et mélanger délicatement au fouet manuel, sans battre, jusqu'à obtenir une consistance homogène. Utiliser la crème au beurre rapidement.

CRÈME PÂTISSIÈRE AU CITRON VERT

Préparation : 15 minutes

Porter le lait à ébullition avec le zeste de citron et le sel. Fouetter les jaunes d'œuf avec le sucre, puis avec la farine et la Maïzena® tamisées. Verser une louche de lait bouillant sur la préparation aux œufs et mélanger au fouet. Incorporer le reste de lait en une seule fois et reverser le tout dans la casserole. Baisser la température et fouetter en rond sans discontinuer, le temps de porter la crème à ébullition puis de la cuire quelques instants, toujours à ébullition. Verser la crème pâtissière sur une grande assiette plate. Filmer au contact et refroidir rapidement en posant sur le film un bac congelé (à glacière ou à glaçons) avant de placer au réfrigérateur. Avant utilisation, détendre la crème pâtissière bien froide au fouet en rajoutant progressivement du jus du citron vert jusqu'à obtenir une consistance souple, mais pas trop liquide.

L'ASSEMBLAGE

Génoise beurrée et citronnée

+ Crème pâtissière au citron vert
+ Framboises fraîches
+ Crème au beurre citronnée
+ Pâte d'amandes

1

Trancher la génoise en trois dans l'épaisseur. Remplir de crème pâtissière une poche munie d'une douille lisse et napper la plus grande tranche.

2

Répartir les framboises. Combler les espaces entre les framboises avec la crème pâtissière.

3

Napper d'une deuxième couche. Poser la deuxième tranche de génoise, garnir à nouveau de deux couches de crème pâtissière intercalées de framboises et recouvrir avec la dernière tranche de génoise.

4

Lisser la crème pâtissière tout autour du gâteau à l'aide d'une petite spatule coudée. Recouvrir de crème au beurre avec une grande spatule et lisser de nouveau avec la petite spatule coudée.

5

Étaler la pâte d'amandes au rouleau de façon à former un disque de pâte de 45 cm de diamètre et de 2-3 mm d'épaisseur. Utiliser le sucre glace pour éviter que la pâte ne colle trop.

6

Enrouler le disque sur le rouleau et le dérouler délicatement sur le gâteau.

7

Harmoniser les plis, lisser la surface avec les doigts, puis découper soigneusement la pâte d'amandes qui dépasse en bas de la robe. Choisir le devant du gâteau et piquer le buste de la princesse au sommet, un peu décalé vers l'avant.

LES DÉTAILS

POSE DU BUSTIER

Mouler la bande sur le buste de la poupée, lisser et rapprocher les entailles vers l'arrière, puis superposer légèrement les bords de la pâte pour fermer le dos.

DOS DE LA CEINTURE

Piquer les deux premières feuilles de rose azyme dans l'épaisseur de la ceinture, presque à l'horizontale, en laissant quelques millimètres au milieu. Puis piquer les deux autres au-dessus, plus vers le haut, toujours en laissant un peu d'espace. Coller la marguerite au milieu, sur la pâte d'amandes entre les feuilles.

FINITION DU BUSTIER

Coller la ceinture de l'avant vers l'arrière et couper l'excédent de pâte. Fixer une petite marguerite au centre du décolleté.

PLACEMENT DES FLEURS

Coller le revers de la robe en suivant les plis (humidifier légèrement la partie à coller). Placer d'abord les plus grosses marguerites pour esquisser une direction, puis poser les marguerites de taille moyenne, et les petites en dernier. L'idée étant de représenter une envolée de fleurs, créer un mouvement naturel en évitant des placements trop symétriques. Répéter l'opération au dos de la robe.

CEINTURE

Avec une règle et un couteau en plastique, découper 1 bande de 1 cm de large et de 12 cm de long.

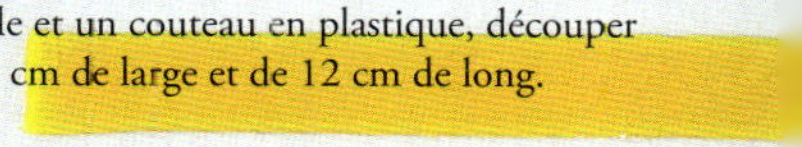

BUSTIER

Avec une règle et un couteau en plastique, découper 1 bande de 4,5 cm de large et de 14 cm de long.

Tailler 4 entailles à intervalles réguliers et arrondir le dernier quart du bustier de chaque côté pour prendre en compte les bras.

MOTIFS

Avec des emporte-pièces, découper 8 grandes marguerites blanches, 8 marguerites blanches de taille moyenne, 8 petites marguerites blanches. Façonner 24 petites boules de pâte d'amandes jaune à appliquer au milieu de chaque marguerite.

REVERS DE LA ROBE

DÉCOUPE

Avec une règle et un couteau en plastique, découper 3 bandes de 1 cm de large et de 30 cm de long.

POSE

Démarrer dans le creux d'un pli et suivre le mouvement de la jupe. Cacher les raccords dans un pli ou les lisser avec un ébauchoir à bout rond.

FINITION DE LA CEINTURE

Préparer 4 feuilles de rose azyme vert tendre et une marguerite de taille moyenne.

VARIATIONS

TRÈFLES PORTE-BONHEUR

FEUILLES

Pour les feuilles des trèfles, découper à l'emporte-pièce des cœurs, petits et moyens, dans deux abaisses de pâte d'amandes de couleurs assorties.

TIGES

Découper des rubans de pâte d'amandes d'une couleur différente.

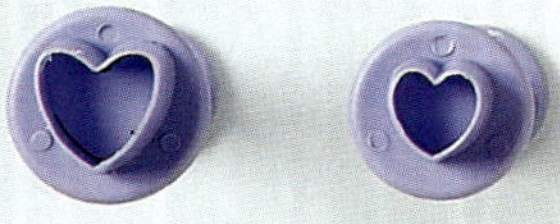

POSE

Réaliser une dizaine de séries identiques et les assembler directement sur la robe, en s'inspirant de l'exemple.

PAPILLONS

CORPS

Découper des rubans de pâte d'amandes et de petites antennes, d'une couleur différente.

AILES

Découper à l'emporte-pièce des cœurs, moyens et grands, dans deux abaisses de pâte d'amandes de couleurs assorties.

POSE

Réaliser une dizaine de séries identiques et les assembler directement sur la robe, en s'inspirant de l'exemple.

PRINCESSE DES ÎLES

Enveloppée de volants et de fleurs tropicales,
la Princesse des îles vous caresse le palais de saveurs exotiques.

COMPOSITION DU GÂTEAU

GÂTEAU
génoise vanille imbibée de sirop d'ananas

CRÈME
crème pâtissière au lait de coco
garnie d'ananas au sirop

ROBE
crème au beurre à la noix de coco

GOÛT
vanille-ananas-coco

INGRÉDIENTS

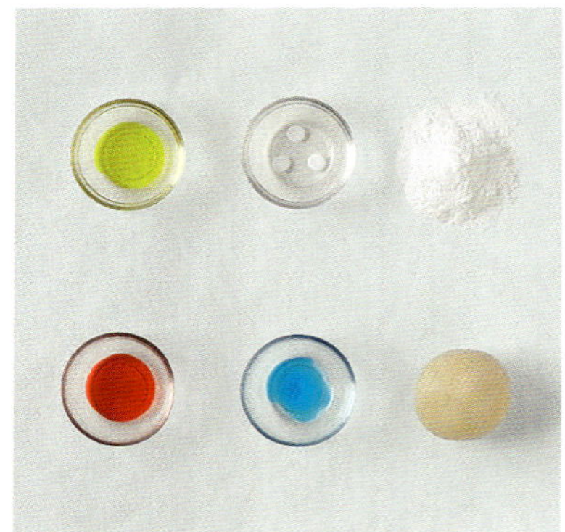

GÉNOISE À LA VANILLE

8 œufs
les graines de ½ gousse
de vanille de Madagascar
260 g de sucre blond
260 g de farine de blé T55
100 g de beurre doux
(dont 10 g pour le moule)
le sirop de 1 boîte d'ananas en tranches
(à intégrer à l'assemblage)

CRÈME AU BEURRE VANILLE-COCO

300 g de beurre doux
225 g de sucre blond
50 ml d'eau
5 blancs d'œuf
2 cuillères à soupe de noix
de coco râpée
les graines de ½ gousse
de vanille de Madagascar

DÉCORATION

1 kg de pâte d'amandes nature
1 petit bol de sucre glace
(pour travailler la pâte d'amandes)
colorants jaune / rouge / bleu / blanc

CRÈME PÂTISSIÈRE AU LAIT DE COCO

600 ml de lait de coco
3 œufs
120 g de sucre blond
40 g de farine de blé T55
40 g de Maïzena®
1 boîte de 560 g d'ananas au sirop
en tranches (à intégrer à l'assemblage)

GÉNOISE À LA VANILLE

Préparation : 40 minutes
Cuisson : 40 minutes

Préchauffer le four à 170 °C, chaleur tournante. Beurrer et fariner le moule, réserver au frais. Fouetter les œufs avec le sucre et les graines de vanille dans le bol d'un batteur au bain-marie, jusqu'à atteindre 40-50 °C. Hors du feu, battre 5 minutes à vitesse maximale, puis 15 minutes à vitesse moyenne. Faire fondre le beurre dans une petite casserole. Mélanger le beurre chaud à 1/5e des œufs battus. À l'aide d'une spatule, incorporer la farine tamisée au reste des œufs, puis le beurre mélangé. Verser la préparation dans le moule et enfourner environ 40 minutes (vers la fin, vérifier la cuisson avec un couteau : la pointe doit ressortir sans trace).

CRÈME AU BEURRE VANILLE-COCO

Préparation : 40 minutes

Couper le beurre en dés et les laisser ramollir à température ambiante. Fouetter avec la vanille et la noix de coco jusqu'à obtenir une consistance de pommade ; réserver à température ambiante. Placer les blancs d'œuf dans le bol du batteur. Faire chauffer le sucre et l'eau à la casserole. Lorsque le sucre atteint 115 °C, monter les blancs en neige ferme. À 120 °C, retirer du feu et verser le sucre en filet sur les blancs en neige, en battant toujours à vitesse maximale. Continuer de battre jusqu'à refroidissement complet (environ 20 minutes). Ajouter le beurre en plusieurs fois et mélanger délicatement au fouet manuel, sans battre, jusqu'à obtenir une consistance homogène. Utiliser rapidement.

CRÈME PÂTISSIÈRE AU LAIT DE COCO

Préparation : 15 minutes

Porter le lait de coco à ébullition dans une casserole. Fouetter les œufs entiers avec le sucre, puis avec la farine et la Maïzena® tamisées. Verser une louche de lait de coco bouillant sur la préparation aux œufs et mélanger au fouet. Incorporer le reste du lait en une seule fois et reverser le tout dans la casserole. Baisser le feu et fouetter en rond sans discontinuer, le temps de porter la crème à ébullition puis de la cuire 30 à 60 secondes, toujours à ébullition, jusqu'à obtenir une belle consistance fluide. Verser la crème sur une grande assiette plate. Filmer au contact et refroidir rapidement en posant sur le film un bac congelé avant de placer au réfrigérateur. Avant utilisation, détendre la crème au fouet.

L'ASSEMBLAGE

Génoise vanille imbibée de sirop d'ananas

+ Crème pâtissière au lait de coco
+ Ananas au sirop
+ Crème au beurre à la noix de coco
+ Pâte d'amandes

1

Trancher la génoise en trois dans l'épaisseur et l'humidifier au pinceau avec le sirop d'ananas.

2

Remplir de crème pâtissière une poche munie d'une douille lisse et napper la plus grande tranche.

3

Répartir les tranches d'ananas préalablement détaillées en morceaux.

4

Combler les espaces avec la crème pâtissière et napper d'une deuxième couche. Poser la deuxième tranche de génoise, garnir à nouveau de deux couches de crème pâtissière intercalées de morceaux d'ananas et recouvrir avec la dernière tranche de génoise.

5

Lisser la crème pâtissière tout autour du gâteau à l'aide d'une petite spatule coudée. Recouvrir la génoise de crème au beurre à la noix de coco avec la grande spatule. Lisser soigneusement avec la petite spatule coudée.

6

Colorer les deux tiers de la pâte d'amandes en jaune paille, puis l'étaler au rouleau pour obtenir un disque de pâte de 45 cm de diamètre. Utiliser le sucre glace pour éviter que la pâte ne colle trop. Enrouler le disque sur le rouleau et dérouler délicatement sur le gâteau.

7

Harmoniser les plis, lisser la surface avec les doigts et couper les débords en bas de la robe. Sur le devant du gâteau, piquer le buste de la princesse au sommet, un peu décalé vers l'avant. Conserver la pâte d'amandes colorée pour une utilisation ultérieure (en particulier les décorations orange).

LES DÉTAILS

BUSTIER

Mouler la bande sur le buste de la poupée, rapprocher les entailles vers l'arrière et fermer le bustier dans le dos en superposant légèrement les côtés. Couper l'excédent.

VOLANT DU BUSTIER

Enrouler la bande autour des épaules en couvrant l'une d'elle et en laissant l'autre dénudée. Superposer la pâte pour fermer et couper l'excédent. Soulever légèrement la pâte à deux ou trois endroits pour créer un effet vague. Avec la pointe d'un couteau, piquer le haut du volant à intervalles réguliers pour une finition couture.

VOLANT DU BAS DE LA ROBE

Humidifier légèrement le haut de la première bande, l'appliquer en suivant le bas de la robe, à environ 2 cm de hauteur. Avec un ébauchoir en forme de goutte (ou le petit doigt), former de petites vagues régulières. Piquer avec la pointe d'un couteau pour un effet couture. Renouveler l'opération avec les 2 autres bandes pour faire le tour de la robe.

VOLANT ET CEINTURE DE LA JUPE

Humidifier quelques centimètres de jupe sous la ceinture et appliquer la bande tout autour en commençant par la partie non incisée. Rapprocher la pâte entre deux triangles en remontant vers la ceinture et lisser les marques de coupes pour harmoniser le résultat.

Avec un peu d'eau, coller la première bande de la ceinture autour de la taille en commençant par le devant, puis fixer les rubans et le petit carré.

VOLANT DU BUSTIER

Utiliser une règle et un couteau en plastique pour découper les différentes pièces de la robe. Découper 1 bande de 3 cm de large et 19 cm de long.

BUSTIER

Découper 1 bande de 4,5 cm de large et 14 cm de long.

Tailler 4 entailles à intervalles réguliers et arrondir le dernier quart du bustier de chaque côté pour prendre en compte les bras.

VOLANT DU BAS DE LA ROBE

Découper 3 bandes de 3 cm de large et 30 cm de long.

CEINTURE

Découper 1 bande de 1 cm de large et 12 cm de long (le tour de la taille), 2 bandes de 1 cm de large et de 7 cm de long retaillées en arrondi d'un seul côté (les rubans de la ceinture), et 1 petit carré de 1 cm de côté (le nœud de la ceinture).

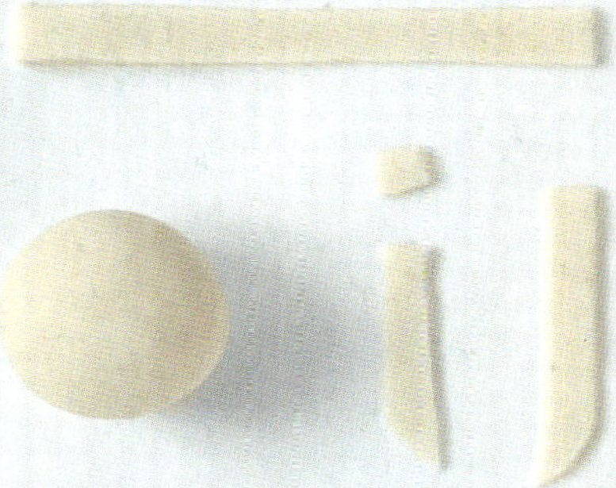

VOLANT DE LA JUPE

Découper 1 bande de 6 cm de large et 30 cm de long. Prélever de petits triangles de pâte jusqu'à mi-hauteur pour ne pas avoir trop d'épaisseur à la taille.

DÉCORATION

FLEURS D'HIBISCUS

DÉCOUPE

Dans du papier cuisson, découper aux ciseaux le patron d'un pétale de 3,5 cm de long et 2 cm de large au maximum. Poser le pétale en papier sur la pâte d'amandes rouge préalablement étalée sur 2 mm d'épaisseur. Avec un couteau plastique et suivant les contours du patron, découper 25 pétales de pâte.

Procéder de la même façon pour découper, dans la pâte d'amandes rose foncé, 25 petits losanges de 1 cm de long et 5 mm de large.

POSE

Humidifier au pinceau le premier pétale rouge et le coller à la verticale à environ 1 cm du bas de la robe. Coller de manière concentrique les 4 autres pétales. Fixer les 5 losanges pour former le cœur. Répartir les autres fleurs d'hibiscus à intervalles réguliers.

OISEAUX DE PARADIS

DÉCOUPE

Dans la pâte d'amandes violette (colorant rouge + bleu), découper 5 bandes de 7 cm de long et 1 cm de large. Tailler les extrémités en biseau. Tordre la pâte en gardant du relief.

Dans la pâte d'amandes orange (colorant rouge + jaune), découper 35 petits pétales allongés de 3 mm de large et 2 cm de long.

POSE

Humidifier les bandes violettes et les disposer sur la robe, en diagonale, entre deux fleurs d'hibiscus. Coller les 5 pétales orange en éventail au niveau de la torsion de chaque bande violette.

PRINCESSE DE L'AUTOMNE

Frileusement enveloppée de crèmes, la Princesse de l'automne cache ses riches saveurs sous la douceur d'une robe sculptée.

COMPOSITION DU GÂTEAU

GÂTEAU
génoise vanille

CRÈME
crème pâtissière à la crème de marrons

ROBE
crème au beurre à la vanille de Madagascar et chantilly à la crème de marrons

GOÛT
vanille-marrons

LE PETIT +
une cuillère à soupe de rhum dans la crème pâtissière

INGRÉDIENTS

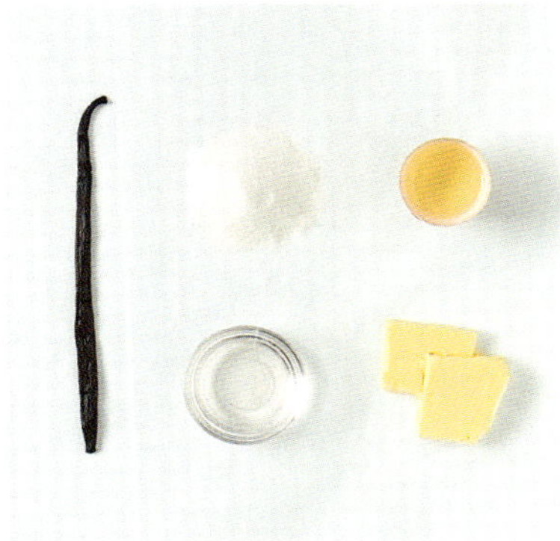

GÉNOISE À LA VANILLE

8 œufs
les graines de ½ gousse
de vanille de Madagascar
260 g de sucre blond
260 g de farine de blé T55
100 g de beurre doux
(dont 10 g pour le moule)

CRÈME AU BEURRE À LA VANILLE

300 g de beurre doux
225 g de sucre blond
50 ml d'eau
5 blancs d'œuf
les graines de ½ gousse
de vanille de Madagascar

CHANTILLY À LA CRÈME DE MARRONS

200 ml de crème liquide entière
200 g de crème de marrons
du colorant rouge
1 cuillère à soupe de rhum

DÉCORATION

200 g de pâte d'amandes nature
1 petit bol de sucre glace (pour travailler la pâte)
des colorants blanc et rouge
des perles argentées

CRÈME PÂTISSIÈRE AUX MARRONS

300 ml de lait
3 jaunes d'œuf
60 g de sucre blond
20 g de farine de blé T55
20 g de Maïzena®
150 g de crème de marrons
100 ml de crème liquide entière
300 g de marrons glacés ou juste confits
1 cuillère à soupe de rhum (facultatif)

GÉNOISE À LA VANILLE

Préparation : 40 minutes
Cuisson : 40 minutes

Préchauffer le four à 170 °C, chaleur tournante. Beurrer et fariner le moule, réserver au frais. Fouetter les œufs avec le sucre et les graines de vanille dans le bol d'un batteur au bain-marie, jusqu'à atteindre 40-50 °C. Hors du feu, battre 5 minutes à vitesse maximale, puis 15 minutes à vitesse moyenne. Faire fondre le beurre dans une petite casserole. Mélanger le beurre chaud à 1/5e des œufs battus. À l'aide d'une spatule, incorporer la farine tamisée au reste des œufs, puis le beurre mélangé. Verser la préparation dans le moule et enfourner environ 40 minutes (vers la fin, vérifier la cuisson avec un couteau : la pointe doit ressortir sans trace).

CRÈME AU BEURRE À LA VANILLE

Préparation : 40 minutes

Couper le beurre en dés et les laisser ramollir à température ambiante. Fouetter avec les graines de vanille jusqu'à obtenir une consistance de pommade, puis réserver à température ambiante. Placer les blancs d'œuf dans le bol du batteur. Faire chauffer le sucre et l'eau à la casserole. Lorsque le sucre atteint 115 °C, monter les blancs en neige ferme. À 120 °C, retirer du feu et verser le sucre en filet sur les blancs en neige, en battant toujours à vitesse maximale. Continuer de battre jusqu'à refroidissement complet (environ 20 minutes). Ajouter le beurre en plusieurs fois et mélanger délicatement au fouet manuel, sans battre, jusqu'à obtenir une consistance homogène. Utiliser la crème au beurre rapidement.

CHANTILLY À LA CRÈME DE MARRONS

Préparation : 10 minutes

Verser la crème liquide bien froide dans un bol préalablement réfrigéré. Incorporer une pointe de colorant rouge. Monter la crème au batteur jusqu'à obtenir une consistance ferme. Détendre la crème de marrons avec une cuillère à soupe d'eau (ou de rhum), puis l'incorporer délicatement à la crème à l'aide d'un fouet.

CRÈME PÂTISSIÈRE AUX MARRONS

Préparation : 20 minutes

Porter le lait et le rhum à ébullition dans une casserole. Fouetter les jaunes d'œuf avec le sucre, puis avec la farine et la Maïzena® tamisées. Verser une louche de lait bouillant sur la préparation aux œufs et mélanger au fouet. Incorporer le reste du lait en une seule fois et reverser le tout dans la casserole. Baisser le feu et fouetter en rond sans discontinuer, le temps de porter la crème à ébullition puis de la cuire 30 à 60 secondes, toujours à ébullition, jusqu'à obtenir une belle consistance fluide.
Verser la crème pâtissière sur une grande assiette plate. Filmer au contact et refroidir rapidement en posant sur le film un bac congelé (à glacière ou à glaçons) avant de placer au réfrigérateur.
Fouetter la crème pâtissière pour la détendre, puis ajouter la crème de marrons. Dans un bol préalablement réfrigéré, monter la crème liquide bien froide jusqu'à obtenir une consistance ferme, puis l'incorporer à la spatule.

L'ASSEMBLAGE

Génoise vanille

+ Crème pâtissière à la crème de marrons
+ Crème au beurre à la vanille
+ Chantilly à la crème de marrons
+ Pâte d'amandes

1

Trancher la génoise en trois dans l'épaisseur.

2

Remplir de crème pâtissière une poche munie d'une douille lisse et napper la plus grande tranche.

3

Répartir les marrons glacés préalablement détaillés en morceaux.

4

Napper d'une deuxième couche de crème pâtissière.

5

Poser la deuxième tranche de génoise, garnir à nouveau de deux de crème pâtissière et de marrons glacés.

6

Recouvrir d'une dernière couche de crème pâtissière puis déposer la dernière tranche de génoise.

7

Recouvrir la génoise de crème au beurre avec la grande spatule. Lisser soigneusement avec la petite spatule coudée. Sur le devant du gâteau, piquer le buste de la princesse au sommet, un peu décalée vers l'avant.

LES DÉTAILS

POSE DU BUSTIER

Poser en même temps la face et le dos du bustier, en commençant au niveau du cou. Mouler délicatement autour du buste de la poupée. Couper l'excédent. Lisser sans appuyer avec un ébauchoir arrondi.

FINITIONS DU BUSTIER

Placer délicatement les petits pétales rose pâle en rond autour de la base du bustier. Enfoncer une ligne verticale de perles argentées pour suggérer un boutonnage élégant.

POCHAGE DES ROSACES

Placer l'extrémité de la grande douille à 1 cm du bas de la robe. Effectuer un mouvement circulaire pour former la rosace. Décaler un peu la douille et renouveler l'opération jusqu'à faire le tour de la jupe. Poser une perle argentée au centre de chaque rosace. Changer de poche et former les petits picots autour de la ceinture et à l'extrémité de chaque pétale (voir page ci contre).

LISSAGE DE LA ROBE

Vérifier que la crème au beurre couvre bien l'ensemble de la jupe sur quelques millimètres d'épaisseur : on ne doit plus voir la surface de la génoise en transparence. Tenir la petite spatule coudée à l'horizontale, manche à droite, et lisser une première bande de crème au beurre, depuis la ceinture vers le bas de la robe, sans trop appuyer. Répéter l'opération vers la droite en superposant légèrement la bande suivante. Tourner le gâteau régulièrement, jusqu'au tour complet. Pas d'inquiétude si le bas est un peu irrégulier, il sera recouvert par les rosaces.

BUSTIER

Avec une règle et un couteau en plastique, découper 2 carrés de pâte d'amandes de 7 cm de côté.
Dans chaque carré, couper 2 rectangles de 2 cm de long et 1 cm de haut pour former le col.

HAUT DE LA JUPE

PATRON

Dans du papier cuisson, découper aux ciseaux le patron d'un pétale de 3,5 cm de long et 2 cm de large au maximum. Couper l'un des côtés à 1 cm de la pointe pour former un côté droit.

DÉCOUPE

Poser le pétale en papier sur la pâte d'amandes rose pâle préalablement étalée sur 2 mm d'épaisseur.
Avec un couteau en plastique, découper 6 pétales de pâte en suivant les contours du patron.

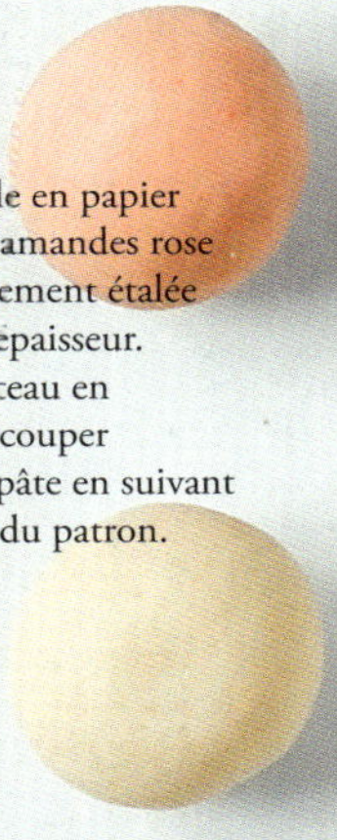

DÉCO À LA DOUILLE CANNELÉE

Choisir 2 douilles cannelées de tailles différentes et les fixer chacune à une poche. Remplir la poche à grande douille des trois quarts de chantilly à la crème de marrons et la seconde avec le dernier quart. Tenir la poche de la main droite, utiliser la paume pour pousser et l'autre main pour guider. Approcher la douille presque au contact de la surface.

ROSACES

Effectuer un mouvement circulaire d'un seul trait, puis appuyer légèrement et redresser la douille d'un coup sec.

PICOTS DE LA CEINTURE

Maintenir la position à angle droit, pousser et retirer la douille dès que le picot est formé.
Ne pas hésiter à s'entraîner avant de se lancer sur le gâteau.

VARIATIONS

CAMÉLIA CHIC

Ruban de pâte d'amandes souligné de perles argentées au bas de la robe et à la ceinture, fleur de camélia piquée d'une perle argentée sur le col.

JAPONISANTE

Demi-lunes de pâte d'amandes décorées de baies de sucre et de perles argentées, large ceinture soulignée d'un ruban, petite baie sur le col.

BELLE ÉPOQUE

Rubans de pâte d'amandes décorés d'un camélia à l'emporte-pièce, picots de chantilly à la crème de marrons, ceinture en pointe, petit triangle sur le col.

ANNÉES 60

Rubans de pâte d'amandes en ceinture et au bas de la robe, picots de chantilly à la crème de marrons pochés en quinconce sur la jupe.

ADRESSES UTILES

Pour vos achats de matériels et d'ingrédients de base de pâtisserie,
voici une sélection des sites internet spécialisés.

www.meilleurduchef.com
www.mora.fr
www.deco-relief.fr
www.gdetou.com
www.feeriecake.fr
www.cerfdellier.com

Illustrations : Cécile Morin
Mise en pages : Frédéric Voisin
Relecture : Anne Guerquin et Sabrina Bendersky

43, quai de Grenelle, 75905 Paris Cedex 15
Dépôt légal : octobre 2014
1100017
ISBN : 978-2-501-09766-6
Achevé d'imprimer en Espagne chez Graphicas Estella en juillet 2014